AF302603

BENJAMIN FRANKLIN

Le Père fondateur des États-Unis

Par Cédric Leloup
Sous la direction de Benoît-Joseph Pedretti

50MINUTES.fr

BENJAMIN FRANKLIN

INTRODUCTION

Emblème des États-Unis et de leur puissance économique, le dollar américain est également la monnaie la plus utilisée au monde pour les transactions financières. Sa popularité est telle que tout un chacun peut se représenter le célèbre billet de 1 dollar sur lequel trône George Washington (1732-1799). Ce dernier n'est pas le seul grand nom de l'histoire américaine à figurer sur les billets de banque : les présidents Jefferson (1743-1826), Jackson (1767-1845), Lincoln (1809-1865) et Grant (1822-1885) y sont également mis à l'honneur, de même que le financier Alexander Hamilton (1755-1804) et le physicien Benjamin Franklin. Ce dernier est représenté sur le billet de 100 dollars. C'est dire toute l'importance qu'eut cet homme dans l'histoire de son pays et le symbole qu'il incarne encore aujourd'hui pour ses compatriotes. Véritable Père fondateur des États-Unis d'Amérique, Benjamin Franklin est l'archétype même du *self-made-man*.

Né en 1706 dans une modeste famille de Boston, Franklin est un parfait autodidacte. Tour à tour imprimeur, journaliste et physicien, il mène des expériences sur les phénomènes électriques et invente le paratonnerre. Très impliqué dans la vie politique des colonies anglaises d'Amérique, il défend leurs intérêts face aux abus de la couronne britannique et joue un rôle capital lors de la révolution américaine en participant à la rédaction de la Déclaration d'indépendance des États-Unis et en concluant une alliance avec la France. Seul signataire des trois actes fondateurs de son pays, il a, par son action acharnée, légué au monde un modèle de liberté, de justice et d'égalité.

DONNÉES CLÉS

- **Naissance ?** Le 17 janvier 1706 à Boston.
- **Mort ?** Le 17 avril 1790 à Philadelphie.
- **Apports majeurs ?** Physicien à l'origine du paratonnerre, il est l'un des acteurs majeurs de la révolution américaine au cours de laquelle il contribue à l'élaboration de la Déclaration d'indépendance des États-Unis et conclut une alliance avec la France. Il est aussi l'un des signataires de la Constitution américaine.

CONTEXTE

LES TREIZE COLONIES BRITANNIQUES D'AMÉRIQUE DU NORD

La colonisation de l'Amérique du Nord par l'Angleterre débute au XVIIᵉ siècle, sous le règne de Jacques Iᵉʳ (1566-1625). Entre 1607 et 1732, les Britanniques y fondent progressivement treize colonies : la Virginie, le Massachusetts, le New Hampshire, le Maryland, le Connecticut, Rhode Island, le Delaware, la Caroline du Nord et du Sud, le New Jersey, New York, la Pennsylvanie et la Géorgie. Ces territoires sont situés sur la côte Est de l'Amérique du Nord, entre l'Atlantique et la chaîne de montagnes des Appalaches, soit sur une mince bande de terre dans laquelle les colons se sentent rapidement à l'étroit. En effet, la démographie y croît de manière exponentielle du fait de l'immigration européenne et d'une forte natalité. On dénombre ainsi dans les colonies 50 000 âmes en 1650, 250 000 en 1700, 1 170 000 en 1750 et 2 148 000 en 1770. La conquête de nouvelles terres au nord et à l'ouest s'impose donc d'elle-même, mais les projets d'expansion territoriale des Anglais se heurtent à la présence française en Amérique du Nord. En effet, les treize colonies britanniques sont enclavées dans la Nouvelle-France, immense territoire qui s'étend du Canada à la Louisiane. Les Français, bien que moins nombreux, quadrillent la frontière et font continuellement planer sur les treize colonies une menace d'invasion. Ils profitent en cela du soutien de tribus amérindiennes hostiles aux colons anglais et à leurs ambitions territoriales.

Les treize colonies britanniques

LE SAVIEZ-VOUS ?

De 1689 à 1763, quatre conflits majeurs opposant la France à l'Angleterre secouent l'Europe : la guerre de la Ligue d'Augsbourg (1689-1697), la guerre de

Succession d'Espagne (1701-1714), la guerre de Succession d'Autriche (1740-1748) et la guerre de Sept Ans (1756-1763). Ces conflits européens prennent progressivement une dimension mondiale. Ainsi, alors que les guerres de la Ligue d'Augsbourg et de Succession d'Espagne se déroulent uniquement en Europe et en Amérique, les autres s'étendent aux colonies d'Asie (essentiellement en Inde) et d'Afrique (Sénégal). Dès le milieu du XVIIIe siècle, l'Amérique du Nord devient donc un enjeu politique important.

Les treize colonies jouissent d'une large autonomie et présentent des régimes différents selon qu'elles possèdent une charte, qu'elles sont gouvernées par des Propriétaires ou qu'elles dépendent directement de la couronne britannique. Les premières sont dirigées par leurs fondateurs pour une durée déterminée grâce à leur charte octroyée par le souverain, avant de passer sous autorité royale. Les secondes sont, quant à elles, maintenues sous le contrôle de leurs fondateurs, auxquelles elles appartiennent formellement, et ne devront pas être cédées à la Couronne. Elles sont, malgré tout, plus ou moins régies par le même système politique. Un gouverneur, désigné par le roi ou par les Propriétaires, se trouve à leur tête. Il est aidé dans sa tâche par un Conseil composé de représentants américains, alors qu'une assemblée représentative vote les lois, les dépenses et les impôts. Il n'existe cependant aucune administration commune entre les colonies, si ce n'est le lointain Board of Trade and Plantations (la commission du Commerce) qui supervise les affaires coloniales depuis Londres. La couronne britannique constitue donc, de fait, le seul trait d'union entre les treize colonies.

À la veille de la révolution américaine, les colonies sont désunies à maints égards. Sur le plan économique, le Sud est une terre de plantations exportatrice de tabac, de riz et d'indigo, tandis que le Nord vit essentiellement de la pêche, de l'exportation du bois et de la construction de navires. La population des colonies est également très diversifiée. Alors que l'essentiel des colons provient d'Angleterre, on voit s'implanter en Amérique de grandes communautés allemande et irlando-écossaise dans le courant du XVIIIe siècle. À cela s'ajoute l'importante communauté noire issue de l'esclavage, qui constitue un cinquième de la population américaine en 1775. Cette diversité ethnique se double d'une pluralité religieuse. Si, durant cette période, 99 % des Américains sont protestants, ils pratiquent cependant divers courants du culte allant du congrégationalisme à l'anglicanisme, en passant par le méthodisme. Avant que ne débute la révolution, la population américaine ne forme donc pas une nation, bien au contraire !

LA GUERRE DE SEPT ANS

Les tensions entre Anglais et Français atteignent leur paroxysme en 1754 et se cristallisent autour de la maîtrise de la vallée de l'Ohio, que les colons américains commencent à occuper. Le 28 mai de cette même année, George Washington, un officier américain au service des Britanniques, y attaque par surprise un détachement français et en tue le commandant. L'événement déclenche la guerre dite contre les Français et les Indiens (*French and Indian War*). En Europe, ce conflit débute en 1756 et prend le nom de guerre de Sept Ans.

Durant les premières années de la querelle, les combats tournent à l'avantage des Français. La situation évolue néanmoins à partir de 1758, lorsque 30 000 soldats anglais sont envoyés en Amérique et que des milliers de miliciens américains se joignent à eux. Dès lors, l'Angleterre, qui jouit d'une nette supériorité sur terre et sur mer, entreprend la conquête du Canada. En juin 1759, une flotte anglaise jette l'ancre devant Québec et assiège la ville, qui capitule le 18 septembre. Un an plus tard, la chute de Montréal met un terme aux hostilités en Amérique. Par le traité de Paris datant du 10 février 1763, la France cède à l'Angleterre et à l'Espagne l'ensemble de ses possessions américaines, à l'exception de quelques îles des Antilles, de l'archipel de Saint-Pierre-et-Miquelon et des droits de pêche à Terre-Neuve.

LES CONSÉQUENCES DE LA GUERRE

L'année 1763 consacre la victoire commune de l'Angleterre et de ses colonies sur l'ennemi français. Pourtant, ce qui aurait dû renforcer les liens entre elles est à l'origine de tensions qui aboutiront à la révolution américaine. Ainsi, les colonies américaines ne peuvent concrétiser leur rêve de s'étendre vers l'ouest malgré la conquête de la Nouvelle-France, car la menace de soulèvements amérindiens incite le Gouvernement britannique à suspendre, dès 1763, l'expansion des colonies au-delà des Appalaches. Parallèlement, le Parlement anglais adopte l'Acte du Québec (1774), qui agrandit le territoire de la nouvelle province du Québec jusqu'aux Grands Lacs et interdit, de fait, la progression des treize colonies vers le nord. Ces deux mesures suscitent le ressentiment des colons américains, qui doivent quitter les nouvelles terres dont ils ont entamé la mise en valeur.

Par ailleurs, pour amortir les coûts élevés de la guerre et de l'occupation militaire des territoires conquis, l'Angleterre décide d'augmenter les droits à l'importation de produits étrangers dans les colonies et d'y lever de nouveaux impôts. C'est chose faite avec la proclamation du *Sugar Act* (1764), qui rehausse les droits sur les importations de sucre, produit pourtant essentiel à l'économie coloniale. En mars 1765 est également voté le *Stamp Act*, qui impose l'achat de timbres fiscaux à apposer sur tout acte officiel et sur tout écrit public. Ces mesures prises par le Parlement britannique, au sein duquel les colonies ne sont pas représentées, sont considérées comme inconstitutionnelles et injustes par les Américains, qui souhaitent n'être taxés que par leurs assemblées locales. Face aux protestations, Londres recule une première fois en abrogeant, en 1766, le *Sugar Act* et le *Stamp Act*, mais se ressaisit l'année suivante en votant les Townshend Acts, qui taxent les importations de plomb, de verre, de peinture, de papier et de thé. Ces lois sont à leur tour abrogées en 1770, à l'exception de la taxe sur le thé. La tension entre colons et autorités britanniques est telle que des incidents éclatent, dont le plus violent constitue le massacre de Boston de mars 1770, qui entraîne la mort de cinq civils américains.

Le massacre de Boston.

LA RÉVOLUTION AMÉRICAINE

La rupture entre la Couronne et les colonies est scellée en mai 1773, lorsque le Gouvernement britannique décide, pour sauver la Compagnie anglaise des Indes orientales de la banqueroute, de détaxer le thé qu'elle vend. Devant cette concurrence déloyale, le 16 décembre 1773, 60 Bostoniens jettent à la mer la cargaison de thé de trois navires de la Compagnie. L'événement, connu sous le nom de Boston Tea Party, suscite une réaction immédiate de la part de Londres, qui ferme le port de la ville et y envoie des troupes, ce que les Américains assimilent aussitôt à un acte d'agression. Les colons, unis par leur rejet du « tyrannique » roi d'Angleterre, s'arment et s'organisent en milices.

La Boston Tea Party.

Un premier congrès continental (5 septembre-26 octobre 1774) réunissant douze des treize colonies se tient à Philadelphie afin de délimiter les pouvoirs royaux en Amérique et de déterminer l'attitude commune à adopter face aux abus britanniques. Suite à une première échauffourée entre Américains et Anglais près de Lexington

(19 mars 1775), les treize colonies réunies en un second congrès (10 mai 1775-1er mars 1781) mettent sur pied une armée dont le commandement est confié à George Washington. La guerre d'indépendance (1775-1783) vient de commencer et sera marquée par une série d'événements majeurs.

Ainsi, le 4 juillet 1776, le congrès adopte la Déclaration d'indépendance, qui proclame la naissance des États-Unis d'Amérique. Par ailleurs, suite à d'habiles négociations diplomatiques menées à Paris par une délégation américaine, parmi laquelle se trouve Benjamin Franklin, la jeune nation obtient le concours militaire et financier de la France contre l'Angleterre en février 1778. Ensemble, Français et Américains remportent la victoire décisive de Yorktown (19 octobre 1781), qui marque pratiquement la fin des combats. Par la signature du traité de Paris (3 septembre 1783), la Grande-Bretagne reconnaît l'indépendance des États-Unis, qui adoptent une Constitution en septembre 1787.

Assaut durant la bataille de Yorktown.

BIOGRAPHIE

Portrait de Benjamin Franklin par Joseph-Siffrein Duplessis, 1778.

BENJAMIN FRANKLIN, *SELF-MADE-MAN*

Benjamin Franklin naît à Boston, le 17 janvier 1706, dans une modeste famille de fabricants de chandelles. Les moyens précaires de ses parents ne lui permettent pas de fréquenter l'école au-delà de ses dix ans. Il commence donc à travailler très jeune, d'abord dans l'atelier familial avant de devenir ouvrier chez l'un de ses frères, imprimeur. Il découvre alors les grands auteurs et s'initie aux métiers d'imprimeur et de journaliste. Dès l'âge de 15 ans, il rédige des articles sous le pseudonyme de Silence Dogood pour le journal *New England Courant* fondé par son frère. En 1723, il s'installe à Philadelphie et travaille comme imprimeur. En novembre 1724, il s'embarque pour Londres, où il séjourne durant deux ans afin de parfaire sa technique. À son retour, il lance sa propre entreprise et rachète, en 1729, *The Pennsylvania Gazette*, qui devient le journal le plus lu dans les colonies. Son imprimerie produit, outre son journal, des commandes privées, du papier-monnaie et les textes légaux émis par l'assemblée représentative de Pennsylvanie, ce qui lui assure la prospérité.

Entre 1732 et 1757, il publie annuellement l'*Almanach du pauvre Richard*, véritable best-seller dans lequel il fournit notamment un calendrier et des informations relatives au climat et à l'astronomie afin d'aider les agriculteurs dans leurs tâches quotidiennes.

avait rejoint les rangs des patriotes américains. Les relations entre le père et son fils
en seront à jamais altérées.

BENJAMIN FRANKLIN, PHILANTHROPE ET HOMME DE SCIENCES

La réussite financière de Franklin, consacré imprimeur officiel de Pennsylvanie en janvier 1730, lui
permet de se vouer au bien public. Avec des amis,
il fonde la Junte (1727), qui deviendra la Société
philosophique américaine. Il crée également une
bibliothèque, la Library Company of Philadelphia
(1731), une académie (1751), qui deviendra l'université de Pennsylvanie, et un hôpital (1752), destiné
à tous. Ses actions bienfaitrices jointes à la large
diffusion de son journal lui ouvrent, dès 1731, les
portes de la loge maçonnique de Saint Jean, dont
il devient le grand maître trois ans plus tard.

Franklin est aussi un inventeur de génie doublé
d'un brillant scientifique. On lui attribue notamment la mise au point des lunettes à double
foyer, d'un nouveau modèle de poêle capable de

chauffer plus efficacement les foyers américains, d'un cathéter urinaire et d'un harmonica de verre. Mais son invention la plus célèbre reste le paratonnerre, qu'il crée dans le cadre des études qu'il mène sur les phénomènes électriques et qui lui assure une grande notoriété scientifique, surtout en France. En 1750, il découvre, en effet, la nature électrique de la foudre, au travers de son expérience du cerf-volant. Reconnu par ses pairs dans le domaine des sciences, il intègre la Royal Society de Londres en 1756 et devient membre associé de l'Académie française des sciences en 1772.

Benjamin Franklin tirant l'électricité du ciel, tableau de Benjamin West, vers 1816.

L'invention du paratonnerre est sujette à controverse. Si l'idée de se protéger de la foudre au moyen de tiges de métal fixées vers le ciel et reliées au sol est bel et bien émise pour la première fois par Benjamin Franklin, le 29 juillet 1750, l'expérimentation du premier paratonnerre est, quant à elle, le fait du naturaliste français Thomas-François Dalibart (1709-1799), le 10 mai 1752, sur base des travaux du savant américain. Rien ne prouve que Franklin ait personnellement mené à bien cette expérience, pas plus d'ailleurs que celle dite du cerf-volant, qu'il aurait imaginée en juin 1752, et qui a pour objectif d'attirer la foudre sur l'objet auquel est attachée une clé métallique.

BENJAMIN FRANKLIN, HOMME POLITIQUE ET PÈRE FONDATEUR

Franklin s'intéresse tôt à la politique. En 1736, il est nommé secrétaire de l'assemblée représentative de Pennsylvanie, dont il devient député en 1751. Conscient de la menace que représentent les Français pour la sûreté des colonies, il préconise la création d'une milice de défense. Lors du congrès d'Albany (19 juin-11 juillet 1754), qui rassemble plusieurs colonies, il propose un plan d'union entre celles-ci, qui est aussitôt rejeté.

Entre 1757 et 1762, Franklin est envoyé en mission à Londres par l'assemblée de Pennsylvanie, afin de discuter du statut fiscal de la colonie avec ses propriétaires, la famille Penn. Il y effectue un nouveau voyage en 1764 pour défendre les intérêts de sa colonie auprès du Gouvernement britannique. Lorsque ce dernier adopte le *Stamp Act* en 1765, Franklin, estimant que seules les colonies peuvent lever des taxes sur leur sol, se fait le défenseur des droits des colons. Mais, malgré ses efforts pour rapprocher les points de vue, il ne peut éviter la rupture entre Anglais et Américains et retourne dans son pays en mars 1775, la mort dans l'âme. S'il se sentait autrefois appartenir à la nation britannique, il se considère désormais comme Américain. Dès son retour, il représente la Pennsylvanie lors du second congrès continental, qui se tient à Philadelphie, et participe à la rédaction de la

Déclaration d'indépendance des États-Unis, qui est adoptée par le Congrès, le 4 juillet 1776. Benjamin Franklin en est l'un des signataires.

BENJAMIN FRANKLIN, DIPLOMATE

Célèbre en Europe pour ses recherches scientifiques et parce qu'il y a séjourné de longues années durant, Franklin est désigné par le Congrès comme ambassadeur en France dans le but d'y forger une alliance contre l'Angleterre. Arrivé à destination en décembre 1776, il accomplit brillamment sa mission en concluant un traité d'alliance décisif entre les deux nations le 6 février 1778. Quelques années plus tard, il signe avec l'Angleterre le traité de Paris, qui reconnaît l'indépendance des États-Unis. Il rentre au pays en 1785 et approuve la Constitution américaine, qui est adoptée le 17 septembre 1787.

Signature de la Constitution des États-Unis, tableau de Howard Chandler Christy, 1940.

Il s'éteint le 17 avril 1790 à Philadelphie, à l'âge de 84 ans, et entre au panthéon des grands hommes qui ont marqué l'histoire des États-Unis et, plus largement, de l'Occident.

TEMPS FORTS

« S'UNIR OU MOURIR » (1754)

Lorsque éclate en Amérique la guerre dite contre les Français et les Indiens, les Britanniques sont, sur le papier, en position de force face à leurs adversaires. En effet, si le territoire qu'ils occupent est d'importance modeste et se trouve enclavé dans l'immense colonie de la Nouvelle-France, ils disposent toutefois d'une supériorité numérique écrasante : 1,5 million d'habitants contre seulement 90 000 colons français. Pour compenser ce handicap, les Français nouent des alliances avec diverses tribus amérindiennes, qui participent activement à leurs expéditions militaires contre les Anglais. Il n'est donc guère étonnant de voir les Français et leurs alliés mener des incursions en territoire britannique dès l'entame des hostilités, sans pour autant rencontrer de résistance de la part des colons américains. La vulnérabilité initiale des treize colonies provient essentiellement de leur incapacité à faire fi des divergences qui les opposent pour affronter, ensemble, l'ennemi.

Il est vrai que les colonies britanniques d'Amérique du Nord ont peu de choses en commun à la veille de la révolution américaine. Contrairement à la Nouvelle-France, dont le Gouvernement est très centralisé, les treize colonies disposent chacune de leur propre gouvernement, lequel défend jalousement ses intérêts face aux autres. De plus, alors que le gouverneur de Nouvelle-France jouit d'une grande autonomie dans sa prise de décision, celle des gouverneurs des treize colonies est entravée par les assemblées représentatives, qui restreignent leurs possibilités d'action en temps de guerre. Par ailleurs, la population de ces treize colonies, particulièrement bigarrée, ne forme pas un bloc compact, étant composée d'Anglais, d'Écossais, d'Irlandais, d'Allemands et d'Africains. Tous pratiquent une grande variété de cultes, contrairement à la population de la Nouvelle-France, qui est presque exclusivement constituée de catholiques originaires de la France métropolitaine. Dans ces conditions, il semble difficile d'unir les treize colonies, qui se jalousent mutuellement, ce dont Benjamin Franklin a pleinement conscience.

Le 9 mai 1754, soit quelques jours avant que ne débute la guerre, il publie dans la *Pennsylvania Gazette* un article qui fait grand bruit. Celui-ci, intitulé « *Join or Die* » (« S'unir ou mourir »), exhorte les treize colonies à mettre de côté leurs différends et à s'unir pour faire face à la menace qui pèse sur elles. Pour illustrer son article, Franklin choisit l'image d'un serpent prêt à mordre, mais coupé en morceaux. Le dessin est en réalité une allégorie des treize colonies, prêtes à s'attaquer à l'ennemi, mais divisées par leurs propres intérêts.

Illustration de l'article « Join or Die ».

Face au péril français et indien, un congrès rassemblant les représentants de sept des treize colonies se réunit à Albany, entre le 19 juin et le 11 juillet 1754, afin de définir un plan de défense commun et d'améliorer les relations entre colons et alliés iroquois. Benjamin Franklin y prend part en tant que délégué de Pennsylvanie et en profite pour présenter un plan d'union qu'il a lui-même élaboré. Il propose dans celui-ci d'instaurer une confédération des colonies dirigée par un grand conseil et un président général. Ce gouvernement commun disposerait de compétences qui lui seraient propres, notamment en matière de sûreté du territoire, et ses prérogatives n'empiéteraient donc en rien sur celles des différentes assemblées régionales ni même sur celles du souverain britannique, auquel la confédération resterait soumise. Il n'est donc absolument pas question de créer une nation indépendante de la Grande-Bretagne, mais plutôt de renforcer la cohésion entre les treize colonies au sein de l'Empire britannique. L'idée de Franklin lui est venue, suite à l'étude de l'organisation politique des Iroquois, qu'il admire, et dont les tribus sont regroupées au sein d'une seule et même confédération.

Le projet suscite l'intérêt des membres présents au congrès, qui l'approuvent le 10 juillet 1754. Il n'est cependant pas ratifié par les assemblées représentatives des sept colonies, soucieuses de préserver leur souveraineté. Le projet de

Franklin est, il est vrai, avant-gardiste, car pour la première fois l'on préconise un rapprochement entre les différentes colonies et l'instauration d'institutions communes à toutes. En ce sens, le plan d'union anticipe déjà la Constitution américaine, qui intégrera, 30 ans plus tard, certaines idées déjà émises à l'occasion du congrès d'Albany.

LA RÉDACTION DE LA DÉCLARATION D'INDÉPENDANCE DES ÉTATS-UNIS (1776)

Avec la fermeture du port de Boston et l'envoi de nouvelles troupes en Amérique, la Grande-Bretagne s'engage dans une politique répressive vis-à-vis de ses colonies américaines, qui refusent de payer les impôts votés à Londres sans leur consentement. La lutte armée entre les deux camps semble donc inévitable.

Après un premier affrontement entre Américains et tuniques rouges britanniques à Lexington (19 avril 1775), les colonies décident de se réunir en un second Congrès continental, qui débute à Philadelphie le 10 mai 1775 et se termine le

1er mars 1781. La première mesure d'envergure que prend cette assemblée est l'instauration d'une armée continentale, dont le commandement est confié à George Washington, héros de la guerre de Sept Ans. Le Congrès se bat non pas pour l'indépendance d'une nation américaine, mais bien pour préserver les droits des colonies, qui accepteront de baisser les armes si Londres venait à accepter leurs revendications. Cependant, la loyauté envers la Grande-Bretagne s'effrite peu à peu jusqu'à atteindre le point de rupture en juillet 1776.

C'est à ce moment-là que le Congrès prend la décision de se séparer pour de bon de la Grande-Bretagne. La première colonie qui choisit la voie de l'indépendance est la Caroline du Nord, en avril 1776. Elle est suivie par la Virginie, le mois suivant. Le 7 juin 1776, le député virginien Richard Lee (1732-1794) soumet au Congrès une résolution visant à voter l'indépendance des treize colonies. Quatre jours plus tard, une commission composée de John Adams (futur second président américain, 1735-1826), Thomas Jefferson (futur troisième président américain, 1743-1826), Roger Sherman (avocat et homme politique,

1721-1793), Robert Livingston (homme politique, 1746-1813) et de Benjamin Franklin est instituée dans le but de rédiger un projet de déclaration d'indépendance. Le 4 juillet 1776, le document est voté par l'Assemblée et constitue l'acte de naissance des États-Unis d'Amérique.

La Déclaration d'indépendance, tableau de John Trumbull, 1819.

La Déclaration d'indépendance crée un précédent dans l'histoire de l'humanité. En effet, le texte affirme d'emblée que les hommes naissent égaux et qu'ils jouissent de droits inaliénables, parmi lesquels se trouvent les droits à la vie, à la liberté et au bonheur. Cependant, cette affirmation solennelle à vocation universelle ne s'applique pas à l'ensemble des êtres humains. Ainsi, les femmes, les Amérindiens et les esclaves noirs en sont exclus. La Déclaration stipule, par ailleurs, que les gouvernements sont institués par les hommes dans l'unique but de garantir les droits fondamentaux et qu'ils peuvent donc être abolis s'ils n'agissent pas en conséquence. Dans la suite du texte sont présentés les 27 griefs reprochés par les treize colonies à l'Angleterre, et qui justifient, de fait, l'insurrection américaine. Le roi de Grande-Bretagne George III (1738-1820) y est d'ailleurs dépeint comme un tyran sanguinaire.

Si la paternité de la Déclaration d'indépendance est attribuée au juriste Thomas Jefferson, le plus jeune membre de la commission chargée de la rédiger, on ignore toutefois le degré d'implication des autres membres de la commission dans le processus de rédaction. Il semble toutefois certain que Benjamin Franklin y a joué un rôle de censeur et a retranché du texte ce qui n'était pas essentiel. À défaut de rédiger la Déclaration, dans laquelle se trouvent fort probablement certaines de ses idées, Franklin en a, au moins, délimité les contours. En signant avec les 55 autres signataires la Déclaration, le célèbre physicien devient l'un des Pères fondateurs des États-Unis.

LA CONCLUSION DE L'ALLIANCE ENTRE LA FRANCE ET LES ÉTATS-UNIS (1776-1778)

Depuis le 19 avril 1775, la guerre fait rage dans les colonies. Dès l'entame des hostilités, le conflit tourne à l'avantage des Anglais, qui remportent la bataille de Bunker Hill (17 juin 1775), s'emparent de New York en septembre 1776, et progressent dans toutes les directions. Face aux redoutables troupes anglaises, le général Washington ne peut opposer qu'une faible résistance. Et pour cause : ses soldats manquent cruellement de tout. La situation précaire dans laquelle se trouvent alors les jeunes États-Unis décide le Congrès continental à chercher des alliés susceptibles de leur apporter une aide militaire et financière et de fournir à leur armée les armes, munitions et uniformes dont elle a tant besoin. La sollicitation de la France s'impose tout naturellement, tant le ressentiment des Français à l'égard des

Britanniques est vif depuis la perte de leurs colonies américaines en 1763. C'est dans ce but que le Congrès dépêche Silas Deane (1737-1789) à Versailles et Arthur Lee (1740-1792) dans les autres cours d'Europe.

Pour maintes raisons, Benjamin Franklin semble également tout désigné pour représenter les États-Unis en France. En effet, en plus d'avoir déjà séjourné dans ce pays en 1767 et 1769, l'homme y jouit d'une grande notoriété du fait de ses recherches dans le domaine de la physique. Il est d'ailleurs membre de l'Académie française des sciences depuis 1772 et a déjà eu le privilège d'assister à Versailles au Grand Couvert (le souper en public de la famille royale). De plus, il n'en est pas à son premier coup d'essai en matière de diplomatie et jouit d'ailleurs d'une certaine expérience en la matière. En effet, au début de l'automne 1753, alors que la guerre de Sept Ans se profilait à l'horizon, Franklin fut envoyé avec deux autres représentants de Pennsylvanie dans la ville de Carlisle (Pennsylvanie) afin d'y conclure un traité d'amitié avec les tribus amérindiennes vivant le long de la rivière Ohio. La convention qu'il proposa fut acceptée par les tribus et par l'assemblée représentative de Pennsylvanie, mais elle fut rejetée par le gouverneur de la colonie en raison des trop larges concessions faites aux Amérindiens. Franklin représenta ensuite sa colonie lors du congrès d'Albany (1754) et à Londres (1757-1762 et 1764-1775). En février 1776, il fut envoyé par le Congrès américain en mission diplomatique à Montréal afin de rallier à la cause des treize colonies les Canadiens français, passés sous domination anglaise en 1763. Sa mission au Québec fut néanmoins un échec, les habitants catholiques d'origine française préférant rester loyaux aux Britanniques qui leur garantissaient la liberté de religion, plutôt que de se retrouver minoritaires au sein d'une république majoritairement protestante.

Franklin est donc, à son tour, envoyé par le Congrès en mission diplomatique en Europe. Il embarque le 26 octobre 1776 et emmène avec lui ses petits-fils William Temple Franklin (1762-1823), fils de William Franklin, et Benjamin Franklin Bache (1769-1798), fils de Sarah Franklin. Il profite de son long périple vers la France pour se consacrer pleinement à l'étude du Gulf Stream et relève ainsi quotidiennement la température de l'eau et de l'air. Il débarque en Bretagne, à Auray, le 4 décembre, et poursuit son chemin jusqu'à Versailles, qu'il atteint 16 jours plus tard.

Au cours de sa mission diplomatique, Franklin use à son avantage des préjugés véhiculés dans la France de l'époque sur les colons américains, considérés comme des gens simples, rustiques, voire sauvages. Désireux d'attirer sur lui et sur la cause qu'il défend l'intérêt du peuple français, il se vêt d'une tenue brune et d'un chapeau de fourrure de martre afin de correspondre à l'image que se font les Européens des Américains. Dès lors, la simplicité qu'il affiche au quotidien grâce à cet accoutrement particulier lui vaut la sympathie des Français, qui voient en lui la représentation des colons américains, un peuple simple et honnête qu'il convient d'aider.

Le 28 décembre, puis le 9 janvier 1777, il est reçu par le comte de Vergennes (1719-1787), ministre français des Affaires étrangères, à qui il propose une alliance. Le comte lui fait remettre secrètement deux millions de livres, mais ne se prononce pas encore quant au projet d'alliance. Sa position est compréhensible : malgré leurs défaites à Trenton (26 décembre 1776) et à Princeton (3 janvier 1777), les Britanniques se sont emparés de Philadelphie en septembre 1777 et ont contraint le Congrès continental à prendre la fuite. En attendant la réponse de Vergennes, Franklin s'occupe donc en assistant à des réunions de l'Académie des sciences et en se rendant dans les salons parisiens, où il est accueilli avec enthousiasme par les élites françaises, qu'il séduit par sa bonhomie et sa simplicité. Très vite, Franklin devient la coqueluche du peuple français, qui s'éprend de la cause américaine grâce à ses plaidoyers, à l'image du célèbre marquis de La Fayette (1757-1834) montant une expédition militaire à ses frais pour venir en aide aux États-Unis. Parallèlement à ses diverses activités, Franklin poursuit ses tâches diplomatiques en nouant notamment des liens avec le royaume de Suède, via son ambassadeur en France, le comte Creutz (1731-1785).

Le 17 octobre 1777, les Américains remportent sur les Britanniques la victoire de Saratoga, première grande victoire américaine depuis le début du conflit. Les Anglais capitulent avec 5 000 hommes et l'événement décide la France à concrétiser un traité d'amitié et de commerce, doublé d'un traité d'alliance et de défense mutuelle avec les États-Unis. L'échange des signatures a lieu le 6 février 1778 entre le représentant de Vergennes et Benjamin Franklin. Le traité est ensuite officialisé par Louis XVI (roi de France, 1754-1793), qui reçoit à Versailles les ambassadeurs Franklin, Deane et Lee, le 20 mars.

Désormais, la France entre officiellement en guerre aux côtés des États-Unis. En 1780, elle y envoie 6 000 hommes commandés par le maréchal Rochambeau (1725-1807). Le conflit n'est toutefois pas terminé pour autant, et Franklin doit poursuivre son action en fournissant des armes aux États-Unis, en engageant des corsaires pour attaquer les navires anglais et, surtout, en sollicitant de nouveaux emprunts au profit de son pays. Entre 1776 et 1783, la France met ainsi à disposition des Américains 47,5 millions de livres, dont 6 millions sont issus de dons.

LE TRAITÉ DE PARIS (1783)

L'aide militaire et logistique française obtenue par Franklin finit par porter ses fruits. Grâce à l'aide de Rochambeau et de la flotte française commandée par l'amiral de Grasse (1722-1788), les Américains remportent la victoire décisive de Yorktown (19 octobre 1781), marquant pratiquement la fin des combats en Amérique. Il ne reste dès lors plus qu'à négocier la paix entre les États-Unis et la Grande-Bretagne, ce à quoi s'attelle Franklin sur ordre du Congrès. Il est aidé dans sa tâche par John Jay (1745-1829) et John Adams, deux nouveaux ambassadeurs américains envoyés en Europe pour remplacer Lee et Deane. Néanmoins, très fatigué – il a tout de même 77 ans – et souffrant de la goutte, il se décharge peu à peu des négociations sur ses collègues et se fait représenter à la cour de France par son petit-fils, Benjamin Temple Franklin.

Officiellement engagées le 12 avril 1782, les négociations aboutissent le 30 novembre de la même année à la signature des préliminaires de paix. En avril 1783, le Congrès américain les ratifie et la signature définitive du traité de paix a lieu le 3 septembre de la même année, à Paris, entre les représentants anglais et américains, dont Benjamin Franklin. Par ce traité, la Grande-Bretagne reconnaît l'indépendance de ses anciennes colonies et leur accorde les territoires compris entre les Appalaches et le fleuve Mississippi. Dès lors, la mission de Franklin en Europe touche à sa fin et l'ambassadeur aspire à finir ses vieux jours en Amérique. Il doit néanmoins encore attendre l'autorisation du Congrès pour rentrer au pays. C'est chose faite en juin 1785.

RÉPERCUSSIONS

UN VISIONNAIRE

Benjamin Franklin est un personnage fondamental dans l'histoire de son pays. S'il a contribué à la renommée internationale des treize colonies, ancêtres des États-Unis, grâce notamment à ses recherches sur les phénomènes électriques, il a surtout marqué l'histoire américaine par son action politique. Il a ainsi été le premier homme à considérer les treize colonies comme faisant partie d'un ensemble plus vaste et à émettre la possibilité de les unir au sein d'une seule et même confédération, et ce malgré leurs différences. Trop avant-gardiste pour l'époque, le plan d'union élaboré par Franklin avait été rejeté par les assemblées représentatives des colonies. Incompris, Benjamin Franklin n'en était pas moins un visionnaire, car son rêve fédérateur s'est concrétisé plusieurs dizaines d'années plus tard, lors de la révolution américaine, ainsi qu'à l'occasion de l'élaboration de la Constitution des États-Unis d'Amérique, première concrétisation de la notion de fédéralisme en Occident.

PÈRE FONDATEUR DES ÉTATS-UNIS… ET D'AUTRES PAYS !

Benjamin Franklin a également marqué de son empreinte l'histoire mondiale en contribuant activement, aux côtés de son ami Thomas Jefferson, à l'élaboration de la Déclaration d'indépendance, véritable acte de naissance d'un pays, qui sera un jour appelé à devenir la première puissance mondiale.

En 1776, le texte contenu dans cette fameuse Déclaration constitue un précédent dans l'histoire de l'humanité, car il énumère une série de droits aliénables directement hérités de la philosophie des Lumières. À une époque où les droits à la vie, à l'égalité, à la liberté et au bonheur n'étaient formellement garantis dans aucun pays, les États-Unis ont été les premiers à les accorder solennellement à l'ensemble de leurs ressortissants, à l'exception des femmes et des esclaves. Selon plusieurs historiens, la Déclaration d'indépendance des États-Unis aurait d'ailleurs servi de source d'inspiration aux déclarations d'indépendance survenues par la suite dans le monde, ce qui confère, de fait, à Benjamin Franklin et à ses collaborateurs une indéniable paternité dans nombre d'autres textes fondateurs, tels que la Déclaration des droits de l'homme et du citoyen (1789) et la Déclaration universelle des droits de l'homme (1948). Par sa participation à la rédaction de la Déclaration d'indépendance, Franklin a ainsi légué au monde un modèle de démocratie et de liberté.

Il en va de même de la Constitution américaine, datée de septembre 1787, qui a, en réalité, été la première constitution écrite de l'histoire et qui a servi de source d'inspiration à d'autres États. Bien que Benjamin Franklin n'ait contribué à sa rédaction que fort modestement – il était alors âgé de 81 ans et très affaibli par la vieillesse et la maladie –, il a néanmoins eu le mérite d'en être l'un des 39 signataires.

Les fondations érigées par Franklin et ses pairs à l'occasion de la rédaction de la Déclaration d'indépendance, puis de la Constitution, ont résisté à maintes crises et cimentent encore aujourd'hui la société américaine. Il s'agit donc là d'un véritable héritage transmis par les pères fondateurs des États-Unis aux générations suivantes.

PIONNIER DES RELATIONS DIPLOMATIQUES ENTRE LA FRANCE ET LES ÉTATS-UNIS

Benjamin Franklin a également joué un rôle majeur dans l'histoire des relations internationales. Il est, en effet, le père des rapports diplomatiques entre la France et les États-Unis. Travailleur acharné, il est parvenu, en février 1778, à rallier le royaume de France à la cause des révolutionnaires américains. Français et Américains ont ainsi fait face, ensemble, à l'ennemi britannique et en sont venus à bout lors de la bataille de Yorktown, marquant ainsi le début d'une amitié longue de plus de 200 ans entre les deux nations. Malgré quelques tressaillements au cours de l'histoire, il n'y a jamais eu de rupture des relations diplomatiques entre ces deux grandes puissances, dont l'amitié préservée jusqu'à nos jours constitue, elle aussi, un héritage de l'Américain Benjamin Franklin et du Français La Fayette légué à leurs nations respectives.

La guerre d'indépendance des États-Unis n'a d'ailleurs pas été le seul conflit majeur au cours duquel les deux nations ont combattu côte à côte un ennemi commun. Ils ont en effet participé ensemble à la Première Guerre mondiale (1914-1918), à la Seconde Guerre mondiale (1939-1945), à la première guerre du Golfe (1990-1991), à la guerre d'Afghanistan (2001-2014) et sont engagés depuis 2014 dans la lutte contre l'organisation terroriste État islamique.

AU SERVICE DE SES CONCITOYENS

Tout au long de sa vie, Benjamin Franklin s'est soucié du sort de ses concitoyens et de leur bien-être. Véritable philanthrope, il a créé en 1731 une bibliothèque, la Library Company of Philadelphia, qui a perduré jusqu'à nos jours sous la forme d'une bibliothèque indépendante de recherche centrée sur la société américaine du XVIIe au XIXe siècle. En 1751, il établit également une académie, qui devient l'université de Pennsylvanie en 1792. Cette dernière, l'une des plus anciennes universités américaines, constitue actuellement l'un des meilleurs établissements d'enseignement supérieur des États-Unis et compte plusieurs lauréats du prix Nobel parmi ses diplômés. Un autre bienfait apporté par Franklin à l'égard de son peuple a été la création, en 1752, d'un hôpital à Philadelphie, le plus ancien du genre aux États-Unis, et qui poursuit ses activités depuis plus de deux siècles, au bénéfice des citoyens. C'est dire l'avant-gardisme de Benjamin Franklin, qui a compris bien avant ses compatriotes toute l'importance du savoir et de la médecine pour le bien-être de la société et, plus largement, de l'humanité.

EN RÉSUMÉ

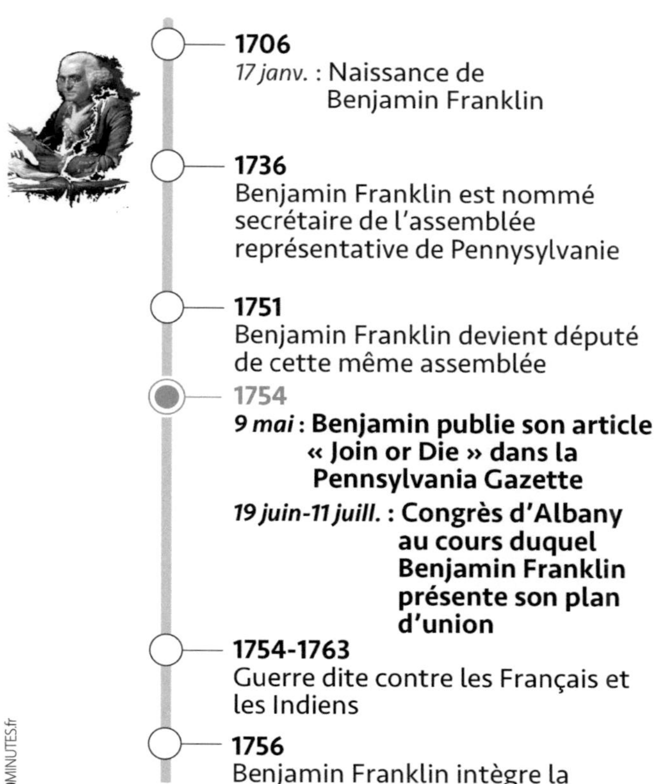

1706

17 janv. : Naissance de Benjamin Franklin

1736

Benjamin Franklin est nommé secrétaire de l'assemblée représentative de Pennysylvanie

1751

Benjamin Franklin devient député de cette même assemblée

1754

9 mai : **Benjamin publie son article « Join or Die » dans la Pennsylvania Gazette**

19 juin-11 juill. : **Congrès d'Albany au cours duquel Benjamin Franklin présente son plan d'union**

1754-1763

Guerre dite contre les Français et les Indiens

1756

Benjamin Franklin intègre la Société royale de Londres

1772
Benjamin Franklin devient membre associé de l'Académie française des sciences

1775-1783
Révolution américaine
10 mai 1775 -
1 mars 1781 : Second Congrès continental à Philadelphy

1776
4 juill. : **La Déclaration d'indépendance des États-Unis est adoptée par le Congrès**

26 sept. : **Le Congrès nomme Benjamin Franklin ambassadeur en Frane**

1778
6 févr. : **Benjamin Franklin conclut un traité d'alliance entre la France et les États-Unis**

1783
3 sept. : **Benjamin Franklin signe le traité de Paris avec l'Angleterre**

1787
17 sept. : **La Constitution américaine est adoptée**

1790
17 avril : Mort de Benjamin Franklin

- Benjamin Franklin est une véritable légende de l'histoire américaine. Né dans une modeste famille de fabricants de chandelles, il fréquente peu l'école. Malgré ce handicap, il devient, par son travail et son mérite, un redoutable homme d'affaires. Grâce à la *Pennsylvania Gazette* qu'il possède et à la vente de son célèbre *Almanach du pauvre Richard*, il est l'un des hommes les plus fortunés de Pennsylvanie.

- Autodidacte, il devient l'un des plus grands scientifiques de son temps en révélant au monde la nature électrique de la foudre. Preuve de l'importance de l'homme dans le domaine des sciences, il obtient la reconnaissance de ses pairs en intégrant la Société royale de Londres en 1756 et en devenant membre associé de l'Académie française des sciences en 1772.

- La réussite financière de Franklin lui permet de se consacrer au bien public. En parfait philanthrope, il crée au bénéfice de ses concitoyens une bibliothèque, une académie et un hôpital, qui sont encore en service aujourd'hui.

- Visionnaire, Franklin propose, en 1754, un plan d'union des treize colonies britanniques et envisage la création d'une confédération américaine. Trop avant-gardiste pour l'heure, son plan reste sans suite, car les colonies sont davantage soucieuses de préserver leurs prérogatives que de s'unir face à leurs ennemis communs. Il faut attendre 1776 pour que le rêve de Franklin se réalise enfin : les treize colonies s'associent pour donner naissance aux États-Unis d'Amérique.

- Farouche défenseur des droits des colons américains, Franklin s'oppose aux différentes taxes instaurées par les Britanniques, qui attisent la colère de ses compatriotes. Malgré ses tentatives pour réconcilier les points de vue, il ne peut éviter la guerre entre Américains et Britanniques.

- La période la plus importante dans sa vie est, sans conteste, la mission diplomatique qu'il mène en France lors de la révolution américaine. Par sa détermination, il parvient à fournir à l'armée américaine, alors en mauvaise posture, le matériel et les fonds nécessaires à la poursuite de la lutte contre les Britanniques.

- Franklin joue, en outre, un rôle capital dans la révolution en participant à la rédaction de la Déclaration d'indépendance des États-Unis, qu'il signe et, qui marque la naissance d'une nouvelle nation. Il signe également le traité de

Paris mettant un terme aux hostilités avec la Grande-Bretagne et reconnaissant l'indépendance de ses anciennes colonies, ainsi que la Constitution américaine. Franklin a la particularité d'être le seul citoyen américain à avoir ratifié ces trois actes fondateurs, ce qui fait indéniablement de lui le Père des États-Unis.

Votre avis nous intéresse !
Laissez un commentaire sur le site de votre
librairie en ligne et partagez vos coups de cœur sur
les réseaux sociaux !

POUR ALLER PLUS LOIN

SOURCES BIBLIOGRAPHIQUES

- AUDOUZE (Jean), *Moi, Benjamin Franklin. Citoyen du monde, homme des Lumières*, Paris, Dunod, 2006.

- BOATNER (Mark), *Encyclopedia of the American Revolution*, Mechanicsburg, Stackole books, 1994.

- CHATEL DE BRANCION (Laurence), *Benjamin Franklin. À la recherche d'un monde meilleur*, Paris, Economica, 2007.

- DURPAIRE (François), *Histoire des États-Unis*, Paris, Presses universitaires de France, 2013.

- FOHLEN (Claude), « Et m… pour le roi d'Angleterre », in *Historia thématique*, n° 68, novembre-décembre 2000, p. 22-27.

- FREREJEAN (Alain), « Benjamin Franklin, le plus français des Américains », in *Historia*, n° 709, janvier 2006, p. 28-32.

- HUGUES (Gérard) et ROYOT (Daniel) (éd.), *Benjamin Franklin, des Lumières à nos jours*, Paris, Didier Érudition, 1991.

- JOUTARD (Philippe), « Les combattants des Lumières », in *Historia*, n° 410, avril 2015, p. 40-45.

- LACROIX (Jean-Michel), *Histoire des États-Unis, Paris, Presses universitaires de France*, 2013.

- LEMAY (Leo), *The Life of Benjamin Franklin*, 3 volumes, Philadelphie, University of Pennsylvania Press, 2006.

- LINTEAU (Paul-André), *Histoire du Canada*, Paris, Presses universitaires de France, 1994.

- SALLES (Catherine) (dir.), *Histoire de France illustrée. Le siècle des Lumières, 1715-1789*, Paris, Larousse, 1988.

- VAN RUYMBEKE (Bertrand), « La taxe sur le timbre provoque le ras-le-bol », in *Historia thématique*, n° 68, novembre-décembre 2000, p. 16-21.

- ZWEIACKER (Pierre), *Sacrée foudre ! Ou la scanda-leuse invention de Benjamin F.*, Lausanne, Presses polytechniques et universitaires romandes, 2011.

SOURCES COMPLÉMENTAIRES

- COTTRET (Bernard), *La révolution américaine. La quête du bonheur, 1763-1787*, Paris, Perrin, 2004.

- DZIEMBOWSKI (Edmond), *La guerre de Sept Ans*, Paris, Perrin, 2015.

- FOHLEN (Claude), *Les pères de la révolution améri-caine*, Paris, Albin Michel, 1989.

- HAUGEN (Brenda) et SANTELLA (Andrew), *Benjamin Franklin, Scientist and Statesman*, Minneapolis, Compass Point Books, 2005.

- ISAACSON (Walter), *Benjamin Franklin, an* American Life, New York, Simon & Schuster, 2004.

- MORGAN (Edmund), *Benjamin Franklin*, New Haven, Yale University Press, 2003.

- WOOD (Gordon), *The American Revolution: A history*, New York, Modern Library, 2001.

SOURCES ICONOGRAPHIQUES

- Le massacre de Boston. La photo reproduite est réputée libre de droits.

- La Boston Tea Party. La photo reproduite est réputée libre de droits.

- Assaut durant la bataille de Yorktown. La photo reproduite est réputée libre de droits.

- Portrait de Benjamin Franklin par Joseph-Siffrein Duplessis, 1778. La photo reproduite est réputée libre de droits.

- Benjamin Franklin tirant l'électricité du ciel, tableau de Benjamin West, vers 1816. La photo reproduite est réputée libre de droits.

- *Signature de la Constitution des États-Unis*, tableau de Howard Chandler Christy, 1940. La photo reproduite est réputée libre de droits.

- Illustration de l'article « Join or Die ». La photo reproduite est réputée libre de droits.

- *La Déclaration d'indépendance*, tableau de John Trumbull, 1819. La photo reproduite est réputée libre de droits.

DOCUMENTAIRE ET SÉRIE TÉLÉVISÉE

- *Benjamin Franklin*, documentaire d'Ellen Hovde et Muffie Meyer, avec Dylan Baker, Richard Easton, États-Unis, 2002.
- *John Adams*, série télévisée de Tom Hooper, avec Paul Giamatti, Laura Linney et Tom Wilkinson, États-Unis, 2008.

BÂTIMENTS COMMÉMORATIFS

- La statue de bronze de Benjamin Franklin, réalisée par Ernst Plassmann (sculpteur américain, 1823-1877), vers 1872, située à New York, dans Park Row.
- La statue de bronze de Benjamin Franklin, réalisée par Jacques Jouvenal (sculpteur américain, 1829-1905), vers 1889, située à Washington D.C., devant l'Old Post Office Pavilion.
- La statue de Benjamin Franklin, réalisée par John Boyle (sculpteur américain, 1851-1917), vers 1896-1899, située à Philadelphie, sur le campus de l'Université de Pennsylvanie.
- La statue de Benjamin Franklin, réalisée par John Boyle, vers 1898, située à Paris, dans le Square Yorktown.

- La statue de Benjamin Franklin, réalisée par James Earle Fraser (sculpteur américain, 1876-1953), vers 1906-1911, située à Philadelphie, dans le Benjamin Franklin Memorial.

- Le Benjamin Franklin Memorial, bâtiment conçu par John Windrim (architecte américain, 1866-1934), inauguré en 1938, à Philadelphie.